銀座・クラブ「昴《すばる》」の名物オーナー

律子ママの人生心得帖

高田律子

PARCO出版

はじめに

この本に興味をもって手に取り、ページを開いてくださったあなたに、心から感謝いたします。ありがとう存じます。きっとあなたは、日頃から感謝の心を忘れず、感謝できることに喜びを感じられる方なのだと思います。

もしそうでないなら、感謝したい気持ちは十分もっているのに、誰に？　何に？　と感謝する先が見つからず、戸惑っている方ではないでしょうか。「どうして自分ばかりが割に合わない目にあうのだろう……」と現実に少々不満をもちながらも、解決の糸口を懸命に探している方。

私もかつてはそうでした。もがきながら生きていましたが、おかげさまで今ではたくさんのことに感謝できるようになりました。

銀座にクラブ「昴《すばる》」をオープンさせて、今年で27年になろうとしています。

1994年の開業当時は、「バブル崩壊」の直後。「これ以上、日本経済に底はない!」「底がないなら、はい上がるしかない!」という厳しい世相の中でのスタートでした。

開業から4ヶ月後の1995年1月には阪神・淡路大震災が起こり、さらにその2ヶ月後の3月には地下鉄サリン事件。その後も毎年のように、災害や事故・事件で多くの命が失われ、あり得ないと思われた会社の破綻も見てきました。そして、2011年3月の東日本大震災、2020年の新型コロナウイルス感染拡大。

戦後の、安全安心の時代はもう失われてしまったのかと、高度成長期にぬくぬくと育った私には、驚きとショックの連続です。

本当にいろいろなことがありました。

自分で言うのもなんですが、よく乗り越えてきたと思います。これからもきっと、いいことと悪いこと、さまざまなことが起こるのでしょう。

光と影があるように、どんな世界にも表と裏があり、本音と建て前、愛と憎しみ、そして、幸と不幸の両面が同居し、振り子が左右に揺れるように日々刻々と移ろっています。そんな世界で生かされているのが、私たち。いつ、どんな状況に置かれるか、予測できない毎日です。

だからといって、心配ばかりしていても解決にはなりませんし、不安な気持ちで過ごしていては、人生は楽しくなりません。

自分にふりかかっていること、すべてを受け入れ、信じる。絶対うまくいくと信じる。そんなふうに心得ながら生きてきました。

みなさまに支えられ、助けられ、今、振り返ってしみじみ思う、銀座の女の独り言にお付き合いくだされば、たいへんうれしく思います。

私にとっては、実に16年ぶりの本。厳しい時代をともに生きる方々に、ちょっとでもお役に立つことがあれば、と願っております。

2021年3月一粒万倍日　髙田律子

律子ママの人生心得帖

もくじ

第2章 両親と猫

心からの感謝でいっぱい

第3章 銀座のママ稼業

この仕事が大好きだから

第4章 自分を慈しむ

小さな幸せを重ねる暮らし

第5章 純愛と不倫

誰かを愛し、愛されること

第1章

最大級の試練

大丈夫と信じて

01

当たり前の毎日なんてない。こうして暮らしている、その日、その時に感謝する。

一般社会でもそうでしょうけれど、銀座でも日々いろんなことが起こります。だから、大変なことには、もうすっかり慣れっこです。

それでも、どうしようもなく悲しいことがあったら、お風呂場ですね。大泣きします。声をからして泣いたことも何回かありました。次の日に目が腫《は》れちゃうから、ほどほどにしなくてはいけません。

今回の新型コロナウイルスは、そういう次元の話ではありませんでした。

いつも大勢の人でにぎわう銀座の街にはいち早く影響が出て、昼夜を問わず、人影はまばらになっていました。また、常連のお客さまが感染されたり、入院してしまったり。そういう話を聞くたびに胸がつぶれる思いでしたし、私自身もまったく先が見えなくて、どん底に落ちた気分でした。

２０２０年４月７日の緊急事態宣言の発出後、最初に迎える４月の給料日の前には、「私が死んだら保険金がおりて、そのお金があれば従業員への支払いができるかも」「もう店をたたんで、ひとりで切り盛りできる小さなバーでも開こうかな」と正直かなり弱気になっていました。

銀座で働き始めたのは、22歳の時。2年間の会社員生活を経て、右も左もわからないまま水商売の道に飛び込みました。１９８０年代のバブル時代の話です。

6年ほどホステスの経験を積み、それから雇われママをして。30歳を目前に、「1年休暇を取って、のんびり海外旅行でもしてこようかな」と考えていたところ、ひょんなご縁に恵まれて、その流れに身を任せていたら、ありがたくも自分のお店をオープンさせる運びとなりました。

昭和、平成、そして令和と、ずっと働きずくめでした。

私は動いていないと気が済まない性分です。公私にわたってやりたいことがたくさんあるから、無理して無理して、万年寝不足。睡眠時間は短くても構わない。明け方に就寝しても午前中に起きられないと、「あらら、寝過ごしちゃった……」と時間を無駄にしたことを悔やんで、自己嫌悪に陥るほどです。

たまに高熱が出たりすると、その時に初めて、「今日は熱があって調子がよくないから、寝ていてもＯＫ」と自分に許可が下り、熟睡できるタイプ。

そんなこんなで無我夢中で働き続け、２０１９年９月には25周年を迎えることができました。都内のホテルで盛大な祝賀会を催し、たくさんの方々に祝っていただきました。

大きな節目をつけてホッとしたのも束《つか》の間、翌年の２０２０年春から、新型コロナウイルスの大流行です。こんなことが起きてしまうんですね。

5月25日の緊急事態宣言の解除後も営業自粛の要請があったため、3月末から6月末まで3ヶ月以上の休業を余儀なくされ、こんなに長くお休みしたのは生涯初めての経験でした。この期間、体調はどんどん悪くなって、特に4月は絶不調。食欲ゼロの状態で固形物を口にすることができず、4月の初めの2週間で、気がつけば5、6キロも体重が落ちていました。

7月になって、営業が再開できた時は心底うれしかったですね。

3ヶ月ぶりに着物を身につけ、美容院で髪をセットして。PCR検査を受けて、店内もコロナウイルス対策を万端に整えて、お客さまをお待ちしました。

もちろん、お客さまはいつものように気軽に出歩けないのは分かっています。ですから、実情は相当厳しい。まだまだ思案投げ首ではありましたが、しみじみとこれまで当たり前に忙しかった毎日がどれだけありがたく、こうして再開できたことは奇跡のようだと感謝しかありませんでした。

お客さまからは、

「大丈夫？」

「元気なの？」

「行きたいんだけれど、なかなか難しくてね」

「律子ママなら乗り越えられるよ。がんばって」

と励ましのお電話やメールをいただくこともありました。「夜の街」という表現で世間からの風当たりが強くなっていた時期でしたから、温かいお気持ちがぐっと心に沁《し》み入りました。

まったく先が見通せなくても、
最悪の状況は永遠には続かない。
時間はかかっても変化は起こる!

弱気になって落ち込んでもいいじゃない。
焦らずとも、いつか必ず前を向ける日はくる。

02

辛い時だからこそ、目の前にある小さな幸せを意識して見つけ出す。

好きなことをしての苦労なのだから、幸せ。

平和な日本に生きているのだから、幸せ。

自分で息ができるのだから、幸せ。

コロナ禍で、どうしようもない不安にさいなまれた時、「今の自分の幸せ」をひとつずつ、意識的に見つけるようにしていました。

そしたらいつの間にか胸に熱いものがこみ上げてきて。心の中でよどんでいたモヤモヤがリフレッシュされるんです。

悩みを抱えていてもそれとは別に、自分の目の前にあることで何か感謝できるものを意識して見つける作業は、とても大切なんですね。

太陽が暖かくて、幸せ。

朝、目が覚めて幸せ。

ごく当たり前のことでもＯＫ。小さな幸せを探していくと、少しずつテンションが上がって、やがて大きな幸せにつながっていくのだから、特に今回のような未曽有の非常時にこそ、小さな幸せ探しは必要なんだと痛感しました。

以前から、日常的に「5つの感謝」をする習慣は身につけていました。

どれもその瞬間、瞬時に感謝するから、「瞬間感謝」。続けていると癖になるんです。面倒くさくないんです。今ではいちいち考えなくても、無意識のうちに感謝できるようになりました。

1つ目は、自分の身体で起き上がれることに感謝。起き上がる瞬間の1秒、感謝すればいいんです。

2つ目は、のどが渇いている時に水が飲めることに感謝。

今はペットボトルがあったり、どこにでも自動販売機があったりするけれど、昔は存在していなかったから、のどが渇いたら台所に駆け込んでいましたよね。体育の授業が終わったら、水道の蛇口をひねってゴクゴクと水を飲んで、「あぁー、おいしい」って感謝していました。それです。

3つ目は、おなかがすいてごはんが食べられることに感謝。当たり前に食事しますけれど、世界には食べられない人もいるわけです。それに健康じゃないと食べられない。身体が健康でも、心も健康じゃないと食欲も湧かないでしょう。

4つ目は、温かいお風呂に入れることに感謝。

5つ目は、布団で眠れることに感謝。

先日、知り合いと話していて、「もうひとつ、トイレに行ける感謝をプラスしたらどうでしょう」と言われて、それから6つ目が加わりました！

今ある幸せを積極的に見つけ
日々の営みに感謝する、
幸せ探しの習慣を身につける。

当たり前だから普段は意識しないだけ。
身の回りには小さな幸せが満ちあふれている。

03

コロナ禍であっという間に経営難。人生最大級の試練に遭っても、命を絶とうとは絶対考えない。

新型コロナウイルスの感染拡大は、私の人生でも最大級の試練のひとつですが、経営が苦しくなっても、「もうダメだ、死にたい」とは考えませんでした。

実は私、これまでに2回、自殺未遂をしたことがあります。今から思うと若気の至りで、命を絶とうとした理由は、「なんとなく」としか説明できないんです。

父は銀行員、母は専業主婦、優秀な兄と姉がいるまじめな家庭で、末っ子としてたっぷりの愛情をもらって育ちました。恵まれていたと思います。

でも、居心地は悪かったですね、ずっと。家族全員がいい人ぶった偽善者に見えて、いつもひとりきりで淋しさと同居しているような、しっくりこない感じでした。両親には反発ばかりしていました。

私立高校に通っていましたが、2年生の夏休みに中退。20歳以降の自分の人生を考えていなかったので、「19歳になったら死のう」と勝手に決めていました。

不安定な状態だったので、ある日突然、睡眠薬を飲んで、ビニール袋を頭からかぶってしまったんです。すぐに母親に発見されました。

せっかく助かったのに、今度は命拾いしたことが嫌でたまらなくて。タバコを大量に食べてしまったんです。バカですよねぇ。ものすごく苦しいんです。毬《まり》の中に身体を押し込まれて、下につかれたり、蹴飛ばされたりしているみたいで。

激痛のあまりのた打ち回っている最中、亡くなった友だちが夢にあらわれ、「まだダメ、まだ来ちゃダメだ」と言われました。気持ち悪くて、血まで吐いて、「こんなに苦しい思いをしても死ねないのか」と思っていたら、運ばれた先の病院の医師が、「あなたの心が死にたがっても、あなたの身体は生きたがっているんですよ！　がんばってあげないと」と言ってくれたんです。

そしてそんな時、兄からサン＝テグジュペリ著のエッセイ集『人間の土地』を渡されました。短編がいくつか載っていて、その中に雪山で遭難する話がありました。飛行機が墜落して、このまま寝たら楽に死ねる。けれど、今自分が死んだら、この暴風雨の中に捜索隊が出て、その人たちの命まで奪ってしまう可能性がある。加えて、奥さんには保険金がおりないかもしれない。人様に迷惑がかかるから生きなくてはいけないと、凍傷の足を引きずって5日と4晩、もうろうとする意識のまま、歩き続けるんです。そして、やっとの思いで生還する。

ものすごい衝撃を受けました。「生きることは思いやり。死ぬというのはわがままなんだ」と。自分が死んだら仲間や家族に迷惑がかかるという「思い」ひとつで、過酷な苦難に耐えられるなんてそんな思想、初めて知りました。考えたこともなかったので、かなりショックを受け、そこで私の死生観は大きく変化しました。別人に生まれ変わりました。

生きることは思いやり、
自殺することはわがまま
他人に迷惑をかけること。

死ぬのも苦しいのなら、
生き続けて、生きる苦しみを味わってみる。

04

東日本大震災では店中水浸しに。先のことを悩んでも仕方ないから、今ある問題を地道に解決するだけ。

２０１１年3月11日に発生した東日本大震災では、銀座の店も被災しました。入居するビルが揺れて隣の建物とぶつかり、排水管が壊れ、店内はフロアからソファーからカウンターから水浸しになりました。電気もつかなくなって、いきなり真っ暗。想像を絶する大地震に心臓はバクバクするし、一瞬、「これは、もうダメかな」と心が折れそうになりました。

突然の出来事でしたが、運のいいことに、たまたま内装屋さんがいてくれたので、「とにかく水を出そう」とそこにいた数人で水をくみ出しました。元の状態に戻して再び開店できるまで、かなりの日数と費用がかかりました。

震災の後、通っている美容院が閉店すると聞かされました。やや料金高めの設定で、当時はどのクラブも経営が苦しく、セットする美容院代も惜しいからと安い美容院に客足が流れていました。ホステスも着物を着なくなったり、お洒落《しゃれ》に気を遣わなくなったりして、銀座が少しすさんできたんです。

そんな時でした。その美容院のスタッフはハイレベルな技術力をもっているのに、ハローワークに通って職探しです。悲しすぎます。

「もし、私が日本政策金融公庫に融資を申し込んで承諾されたら、みんな、続ける気はある？　まだやる気は残っているのかな」

「はい、もちろんです！」

おそらく水商売での融資は難しいでしょうが、企業を立ち上げる場合なら受けられるかもしれない、という望みを抱いて奔走しました。

震災後は一気にお客さまの足が遠のき、自分の店の従業員への支払いも大変でしたが、なぜか美容院の件が妙に気になって、「私がやらなきゃいけない」と何かに突き動かされている感じでした。

そして、２０００万円の融資が下りたんです。「最高２０００万円までなら貸してあげますよ」という吉報が届きました。

２０００万円という想定以上の融資額だったので、とても助かりました。というのも、残ったお金でクラブの方の従業員の給料を支払えたからです。

想像すらしていなかった方向から、ひょっこりと助けられた。助けたつもりが助けられた。そういうことがあるんですね、人生には。びっくりです。

ちょうどコロナ禍の２０２０年に全額返済し終えたところだったので、ひょっとして、と再び思いきって融資を申し込んでみました。返済実績を評価されたのか、またしても２０００万円を借りることができました。４月の給料日の直前、

2000万円の融資が下りたんです。従業員の給料が支払える！

無事に払えた一件がきっかけとなって、弱気になってしぼんでいた心の風向きが変わり、今後の辛さはひとまず見ないふりをして、やる気、元気、勇気が芽生えてきました。ありがたいです。


普段、考えるのは、己のためなんです。けれど、一方で常に「みんなのために」という気持ちもあります。心がけるように努力しています。

銀座での仕事は大きいですから。従業員とその家族の命も抱えるわけですから、相応の覚悟や責任感がないとやっていけません。でも、それぱかり考えていると、気がおかしくなっちゃうんです。

だから、まずは自分の幸せ。次に、冷静になって、今自分がみんなのためにできることは何？　と集中して考えて行動します。目の前に座っているホステスにしてあげられることは？　その家族のためには？　地道にコツコツと考えて動くと、焦らなくなるんです。

心理カウンセラーになりたいという知り合いから、彼女の母親が仕事に猛反対で、「もう、ぎくしゃくしちゃって……」と相談を受けました。

「家を出たいんですけれど、踏ん切りがつかなくて」

「それは最適の題材じゃない。いちばん近くにいるお母さんをカウンセリングして、問題をクリアできたら、あなたはもう最高のカウンセラーになるよ」

目の前のことも対処できない人が、世のため、人のためというのは早計な気がします。まずは身の回りで起きている、目の前の問題から解決することが大切だと思うんです。

まずは自分の幸せのために。
それから他の人の幸せも願って
コツコツと行動する。

今ある小さな問題をコツコツ解決していたら、
いつの間にか大きな問題もクリアできている。

05

信じている人からの「あなたなら大丈夫」の励ましは、パワフルな力を授けてくれる。

銀座で生きていると、「不条理だなぁ」と感じることはそれなりに多いものです。

でも、身近な人に打ち明け話をすると、壁に耳あり障子に目ありで、「律子ママがあんなこと言っていたよ」と噂《うわさ》が広まっていきそうで嫌なんです。

信頼できる仕事仲間はもちろんいますが、この世界とまったく関係ない昔からの大親友がいて、彼女にはたまに話すことがあります。

水商売の事情はぜんぜん分からないはずなのに、

「大丈夫だよ、あなたなら」

と必ず言ってくれるんです。彼女のその言葉を聞くと、

「私、大丈夫なんだ！」

不思議と心の中に大丈夫という気持ちが定着するんです。意識が大丈夫のほうを向くと、それまでの悩みは吹き飛ばされてしまいます。

コロナ禍でも、「大丈夫」という言葉の力には相当支えられました。

信用できる人を探す、というのも、生きていくためのひとつの力だと思っています。自分で解決できなかったら、誰か相談できる人を見つけることです。

誰が私の味方をしてくれているのか、誰が冷静に話せる人なのか。自分の周囲をぐるりと見渡して、探し出すところから始めるんです。「見つかるかなぁ」という中途半端な姿勢ではなく、「絶対に見つける」という強い意志が大事。

その第一歩を踏み出せたら、扉はもう開かれたわけだから、どんどん明るい兆しが見えてくるようになるんです。

とめどなく愚痴を言って、眠れないなら入眠薬を飲んで、というスタイルに甘んじている人が最近は多いようですが、それじゃ埒《らち》が明かないでしょう。

必ず誰か見つかります。気づいていないだけです。それは意外な人だったり、ひょっとしたら両親や兄弟姉妹だったりするかもしれません。

いいじゃないですか、「この人なら、大丈夫」と信じた人に裏切られたとしても。それはそれで見る目がなかったんでしょうから。客観的に受け止めましょう。

「私は、そういうふうに人を裏切ったりしない」

「私は、自分がされて嫌なことは誰にもしない」

そう思って、裏切った相手は悪い見本になってくれたんだと考え直し、「教えてくれて、ありがとう」と解したら、すごく楽になるんです。そして、また次の人を探す。生きていると毎日いろいろなことが起こりますけれど、それが全部正しいことだけとは限らないのが世の常ですからね。

信頼できる人を探し出すことは、
前向きに生きていくための
ひとつの大きな力になる。

本気になって探せば必ず見つかる。
見つからないのは気づいていないだけ。

06

「会うと元気をもらえる」のそのひと言は、疲れた私に元気をチャージ。

「律子ママ、新型コロナウイルスの影響で大変でしょう」と、辞めて何年も経《た》つ元ホステスの女の子が様子うかがいに訪ねてくれました。軽く飲んで、おしゃべりして。「この試練を乗り越えたら、ものすごい自信になりますね」と励ましのエール。「お代は要らないわよ」と言ったのに、2万円置いて帰ってくれて。彼女の気遣いがありがたかったです。

何年か前のお正月、彼女から真夜中にメールをもらったことがありました。

「すごくいいことがあったから、ママに報告したくなったの。元気なママとつながったら、もっと元気になれる何かが起こりそうな気がして」

そんなふうに「元気をもらえる」と言っていただけるのは光栄だし、逆に私のほうが元気をチャージされて、ほっこりと温かい気分になります。

人と接する時の態度は大事ですよね。

歩く時、私はどんなに落ち込んでいても、決して下を向きません。もともと照れ屋なので、人と話す時に相手の目を見られず、鼻先に視線をおくのですが、通りでは顔を上げて真っ直ぐ前を見据えています。

ある年のクリスマス、気が滅入る出来事が起き、憂鬱《ゆううつ》な気分のまま、真っ白なドレスを着て、頭にはサンタの髪飾りという、すごいコスチュームに着替えました。すれ違った別の店のスタッフに、「律子ママはいつもパワーがありますね」「元気オーラが出まくっていますよ」と笑われました。

いくらド派手な衣装だとしても、こんなに暗い気持ちなのに、なんで？　どうして？　元気に見えるの？　不思議でした。

そして、私の場合、落ち込んでいることと、努力していることは、他人には伝わらない？　要するにバレないいんだと気がついたのです。

例えば、ゴルフがちっとも上手《うま》くならなくて。レッスンに通って、必死で練習しているのに、お客さまとゴルフ場に行ったら、もう下手くそで。

「ママ、ちょっとでもいいから練習してみたら。上手くなれるのに」と。いやー、すっごく練習していますから。その努力が分かってもらえないいんです。

ゴルフの一件は笑い話だとしても、見方を変えると、あまり努力していないのに上手くいっている律子ママ、トントン拍子で人に恵まれる運のいい律子ママだと人様から思っていただけるのは、私が幸せになるお守りのひとつ。

また、体調が悪かったり、気分が沈んでいたりしても、元気のなさが相手に伝わらないのも、私のお守り。絶不調の時、「ママ、元気だね」と声をかけてもらうと、逆に元気をもらえる。「元気にならなきゃ」と思えるんですよね。

落ち込んでいても
元気いっぱいに見えるのは、
私を幸せにする素敵なお守り。

辛い時に「元気そうだね」と言われるのは、
「さぁ、元気を出して」というメッセージ。

第2章

両親と猫

心からの
感謝でいっぱい

07

私の仕事は最高にハッピーと前向きな思い込みを続けていたら、いつの間にか現実になった！

サラリーマン家庭に育った私が、縁もゆかりもない水商売の道に飛び込んだ事の発端は、興味本位からでした。両親がいちばん嫌がることだったのに、親に挑戦状を突き付けたようなものだったのでしょうか。家族中が敵になったのに、とにかくやってみたかった。

そんないきさつで始めた水商売でしたが、腹をくくって家族が大反対する仕事に就いてみたら、だんだんと「水商売って素晴らしいじゃないか」と言わせたくなりました。そう思わせることが生きがいになっていったんです。

否定している両親を「うん」と納得させるためにすべきことは？

まず、自分がとにかく喜び楽しんで仕事をする。

愚痴を言わない。

両親にやさしくする。

そうしたら、「おや、おや？　ああ言えばこう言っていた律子が、急にいい子になった、やさしくなった。その理由はなんだろう」と両親が思い始めて、「もしかしたら仕事のおかげではないか。反対していた水商売は、そんなに変な仕事ではないのかもしれない」と考えを改めるだろうという作戦でした。


ですからホステスになりたての頃は、とにかく両親に認めてもらいたくて、楽しくてうれしくて、困ったこともなくみんなに助けられて、周りにも恵まれているという情報だけを発信するように心がけていました。

悲しいことや辛いことがあったり、騙《だま》されたりしても、家に帰ったら「楽しいことだけしか話さない」と決めているから、家族に話すハッピーネタを一生懸命に見つけます。家に帰る途中まで泣きじゃくっていたのに、玄関を開ける少し前から、「今日、私が銀座で体験したハッピー談」を必死に探し出すんです。

おもしろいことに、そういえば、こんなに素晴らしいことがあった、素晴らしい人も来てくれたと、小さな出来事でも思い出せるようになるんです。

楽しいふり、うれしいふりを続けていくと、現実もどんどん楽しいこと、うれしいことに満ちているように思えました。

ついには両親も認めざるを得なくなってきましたよね。兄や親せきまでも、「今度、店に行ってみようかな」と仕事の接待で来てくれるようにもなりました。家族の態度はものすごく変わりました。

いいところを見つける習慣は、いいものを引き寄せます。人生の中心にハッピーがあると、自然といい表情になれます。周囲の人にも伝染していくから、福運や良縁にも恵まれやすくなります。

自分のこともそう。欠点ばかりに気を取られていると、どんどん自分が嫌になってしまいます。

自分のいいところをどんどん探してあげる。なかなか口に出しては言えないけれど、例えば、「目が好き」「声が好き」という表面的な部分でもいいし、「お人好しなところが好き」「おせっかいなところが好き」「まじめなところが好き」なんていう、時には欠点になってしまうような部分でも、なんでもいいんです。楽しく探求してみるんです。大切なのは、照れずに探して、ちゃんと認めることだから。

照れてしまうと、「もしかして違うかもしれないな」という逃げにつながるので、あまりよくないと思います。

正々堂々と自分の長所を認めてあげる。一度認めると、逃げないで貫かなきゃいけないし、その部分は自分が認めた自分自身。だから、長所がどんどん花開いていくんです。

そのことを知っていたら、人をほめてあげることも大事だと気づくんです。

あの人の、

「目が好き」

「声が好き」

「お人好しなところが好き」

「おせっかいなところが好き」

「まじめなところが好き」

そうして、「私には人のことをほめる力、認める力がある」と分かれば、自分の長所がもうひとつ見つかります。ほめる人もほめられた人も、お互いにプラスの相乗効果が生まれます。

今日あった楽しいこと、
自分の好きなところ、
どんどん見つけよう。

いいものを見つける習慣は周りに伝染する。
だから、福運や良縁をどんどん引き寄せる。

08

父が仕事を認めてくれるまで18年。大反対してくれたおかげで、一心不乱に打ち込めた。

毎年5月と9月はかき入れ時です。5月は私のお誕生日、9月はお店の周年記念日があるから大にぎわいで、この2ヶ月の売り上げは相当重要です。

でも、2020年は5月のお誕生日も9月の26周年記念日も、初めてひとりでポツンと過ごしました。自宅で2匹の愛猫とシャンパンで乾杯です。いやはや、こんな夜がやってくるとは……。

お店を開いてから、毎年、周年記念日の頃になると、母は父には内緒で、「ご苦労さま、がんばりすぎないでね」とご祝儀を送ってくれていました。

10周年を迎えた時、初めてご祝儀袋に「父母より」と書いてあって、感激しました。水商売を始めて18年、やっと認めてもらえたんだなぁと。そこから父親と急激に仲よくなりました。両親からもらったご祝儀は1円も使わず全額大切に残してあります。


まじめ一筋だった父ですが、仕事の責任を取る形で家屋敷を手放すことになりました。公団に引っ越して、それでも普通に生活はできていましたが、銀行マンとして堅実に生きた人の最後がそんなふうに終わるのはおかしいと思いました。一緒に住もうと近くのマンションを探しましたが、「いいから、いいから」と父には断わられてばかり。

ある時、逗子の海が一望できるマンションを訪ねたら、「ここに住んでみたい」と初めてポツリと言ってくれました。当時はまだ私にもローンを組む力があったので、そのマンションを買うことに決めました。

親孝行というより、帰りたくなる実家があるほうが私にとってもいいからです。あの家に帰りたい＝両親に会いたい、という気持ちになるだろうと思いました。


父親は95歳を過ぎています。数年前に背骨を折って、かなり心配しましたが、「子どもに迷惑はかけられない」「絶対に寝たきりにはならない」という強い意志があって、先生が感心するほどリハビリに励みました。予習復習も欠かさなかったようです。おかげで1ヶ月後には退院して、驚きました。

私が水商売を始めた時、両親が強く反対してくれなかったら、覚悟を決めて一心不乱に仕事に打ち込めなかっただろう、という恩を感じているので、実家に帰ったら、必ず「本当に感謝しているよ」「本当に生まれてきてよかった」ときちんと言葉にして伝えています。若い頃はあんなに反発していたのに、今は仲がよくて会うのが楽しみ。1秒でも長く生きてもらいたいと祈るほどです。

両親への感謝は、
きちんと言葉にして
しっかり伝えるようにする。

いつか言おう、と先延ばしにせず、
思った時にすぐ言葉で伝えることが大事。

09

言葉の力は無限大。言われ続けたら、その通りになってしまう。

毎年、両親に「感謝」と書いたご祝儀袋に、鎌倉の銭洗《ぜにあらい》弁《べん》財《ざい》天《てん》宇《う》賀《が》福《ふく》神社で洗ったお札を1万円ずつ入れて手渡します。「ふたりが元気だから助かるよ。だから感謝」って。

例えば、ずっとバカだと言われて育つと、バカだと思い込んでそっちのほうに向かってしまうと聞きますが、本当に言葉には気をつけなくてはいけません。「心配だ、心配だ」と言っていると、本当に心配なことが起きてしまう。

父は90代、母は80代ですが、今でも自宅でふたり助け合って生活しています。

両親が元気でいてくれるから、私は自分の心配だけして、自分の分の苦労をするだけ。自由な苦労、好きな苦労ですから。本来苦労と呼べるのかどうか分かりませんが、ちゃんと両親が自立してくれているからこそ、私の今の生活は成り立っているんです。

元気でいてくれることに対する感謝は、会ったら必ず言葉にして伝えています。「心配」ではなく、親を信じて「いつまでも元気でありがたい」という前向きなメッセージを発信していると、「元気でいよう」と思ってくれるみたいです。

この間、家に帰ったら、いつも父親が昼寝する時間だったんですが、起きているんですよね。

「律子が来るのに、昼寝なんかしていられないよ」

さらには、「律子には本当に感謝している。親が子どもに感謝できるなんて、そんな幸せなことはない」とまで言ってくれて。あのガンコ親父がそんな言葉を口にするなんて、それはうれしい気持ちになりました。

それから、親の前ではきれいにしていたいと思っています。

高齢になってくると気軽に出歩けないから、きれいなものを鑑賞する機会が減り、美術館、観劇、デパートなど、どうしても足が遠のきます。

その代りと言ってはなんですが、夏は浴衣を着て帰ったり、実家でくつろぐ際の部屋着もあえてお洒落なものを選んだり。

両親が喜んでいるかどうかは分かりませんが、私の姿を見て、自分の身だしなみを見直してくれるなら、それだけでもいいと思っています。

昔はよく母親に洋服を買ってあげたりしていました。小さい時から、「参観日にはこの服を着てきてね」とお願いしていました。母はあまり気にしない人だから、「ちゃんとした服を着たら、素敵になるのに」とずっと怒りながら指導していましたが、最近は怒るのはやめました。それでも近頃、「律子の服、素敵ね。どういう所で買うの?」なんて言うことが増えて、いつまでもその母のお洒落心を刺激していきたいのです。

前向きなメッセージを発すると
相手にプラスの力が生まれる。
それは言葉のもつ偉大な力。

両親が元気でいてくれるから
好きな苦労、自由な苦労だけで済む。

10

両親との付き合い方には、30代、40代、50代と世代ごとにそれぞれ別の役割がある。

両親はかなり高齢ですが、最近は冷凍のいい食事などがありますし、そういう市販品を活用しながら、自分たちで食事の支度をしています。

つい最近まで、私が帰ると、小さい時に好きだったハンバーグや酢豚を作って食べさせてくれていました。

私が30代の頃は、親に何でもしてあげたかった。例えば、欲しいものを買ってあげる。旅行に連れて行ってあげる。でも、私に何かしてもらうのは、嫌だったようです。ということに40代になってから気づきました。私も自分の力自慢みたいな、そういう気持ちもあったのかなと。40代になって、ちょっと甘えてみようかなと思うようになりました。もう一度子どもになってあげよう。

「律子はいつもおいしいものを食べているんでしょう、銀座で」

「いやー、家で食べるごはんがいちばんおいしいよ」

焦げた酢豚でも、ぐちゃぐちゃのハンバーグでも、母が手作りしてくれた料理は本当においしいんです。口に出して言葉として伝えると、やっぱりうれしいみたいで、姉からは「律子がいると、ごはん、はりきって、うれしそうに作るんだよね」と聞いたりします。

50代になると、あちらもどんどん年をとるから、動きが鈍くなる。だから、手伝うようにしています。全部私がやるのではなくて、母が料理している時、掃除や片付けをしている時、横にいてサポートをする。一緒にやってあげるんです。そういうことの大切さは50代になって覚えました。

親との関係こそ考え深いものです。

昔は反抗ばかりしていましたが、私も年を重ねるにつれ、親に対する気持ちは変わってきました。今は仲よくしていきたいと思っています。親って、やっぱり、親なんだなぁ。縁があって、ずっと育ててくれたことには、何をおいても感謝です。私の場合、違和感を覚えていた両親に対して、自分の考え方を変えながら積極的に好きになっていこうとしたスタイル。それが今では幸せな親子関係を生み出しました。この家に生まれたくなかったとか、両親が大嫌いとか、ドロドロした親子関係で悩んでいる人は多いです。その気持ちは分かるんだけれど、まずは自分が変わらないと何も変わりはしないと思うんです。

それでも、最近はすっかり耳が遠くなっていて、こちらの言葉がほとんど伝わらない。なのに、補聴器を嫌がり、メールも、ファックスさえも使ってくれないので、会話が一方的になってしまい、今はそれがとても辛いところです。お互いに年をとったからこそ、もっと会話をしたいと思っているのに。もう少し寄り添ってくれたら、と願うばかりです。

親と不仲の間柄でも、自分が変われば関係性は変わってくる。

縁があって、私の親となり、
ずっと育ててくれたことには感謝の気持ち。

11 愛すべき猫たちと巡り会い、守るものができたら、人生の優先順位が変わった。

2匹の猫と暮らしています。ノルウェージャンフォレストキャットの駿《じゅん》とメインクーンの美嬉《みう》。我が家にこの子たちがやって来たことで、私自身が変わったことはいっぱいありますが、いちばんの変化は守るものができたことです。

それまでは死ぬことも病気をすることも、何も怖くありませんでした。できれば病気をしてしばらく仕事を休みたいと思うくらい、そんな贅沢な気持ちもあったんです。でも、もし今、私が風邪をひいて寝込んだりしたら、この子たちの世話は誰もしてくれないから、大変です。

先日、マンションの非常警報が鳴った時、今までは怖いと思ったことは一度もなかったのに、「さて、どうしよう。この猫たち、どうやって外に出そう。何を持っていこう。トイレと水と」とアタフタしちゃいました。

守るものができると、持ち出す優先順位が変わってくるんですね。以前なら、通帳と印鑑だったのが、今は水や猫のごはん、そういうものですから。

もともと、私はペット反対派。家族がいて、みんなでワンちゃんやニャンコを育てようというのはいいと思います。子どもの教育にもなるし。それに動物は小さい頃から大好きで、野良猫、野良犬、蛇まで拾ってくるほどでした。

でも、独身女性が猫や犬を飼うって、ろくなものじゃないと思っていたんです。よく、道を歩いていて、「人間は裏切るけれど、この子だけは裏切らないわ」とベッタリの態度でペットと接している姿を見かけると、そういう感覚で動物と接しているのがすごく嫌でした。

人は人だし、人と動物はもともと違う生き物です。それを同等に比較して、自己満足する感性がちょっとねぇと。

それが、お客さまにプレゼントしてもらうことになって。

「ママ、そろそろ猫と同居してもいいんじゃない？」

猫を飼っているお客さまは結構多いんです。ママは猫を飼ったほうがいいよと、前からすすめられていました。仕事の時に身に着けている鎧甲冑《よろいかっちゅう》を脱いで、心底リラックスできる時間をもちなさいと。

お店の近くにペットショップがあって、毎日、「動物はかわいいな」とただ見に行っていました。

ある夜、お客さまをお見送りしに建物の1階まで降りた際、みんなでペットショップに入りました。そしたら、私のことだけ、じっと見つめる猫がいたんです。ずっと目で私の姿を追いかけてくる。

「この子はママのところにくる運命なんじゃない？」

「いや、いや、いや、無理、無理。見ているだけでいいの」

この猫は一度売られて誰かの家に行ったんですが、何かの理由で戻されたそうです。なので、すごい怖がりでした。

「ママ、一度抱っこしてみなよ」

みんなに説得されて、ちょっと抱っこしてみたら、もうレジでお金を払っている人がいて。その場で、そのお客さまがトイレと砂とごはんと、その他猫との暮らしに必要なものを全部用意してくださいました。

「ちょっと待って」と言いつつも、もう離れられない自分がいました。お店はまだ営業中だったので、ペットショップにいったん預けて、その日の夜には家に連れて帰りました。

そして、東日本大震災の後、同じお客さまがもう一匹の猫を贈ってくださいました。

猫との生活が始まる前は、毎日朝帰りして、ほとんど家にはいなかったんです。土日のお休みの日も、しょっちゅう地方に出かけていました。年中休まずに仕事しているような、フル稼働状態でした。

それが確かに早く帰るようになったし、外泊はしなくなったし、海外旅行にも行かなくなったし。すっかり家にいるようになって。

世間の人たちにはそれぞれの生活があるから、例えば、従業員にしても、私が死んだって、他の店に移るとか、他の選択肢を自由に選べますよね。でも、この子たちは、保健所か、知り合いの誰かに引き取ってもらうかしかないわけで。

もう私はひとりじゃない。この子たちより先に死ねないから、元気でがんばらなきゃいけないと健康を考えるようになりました。

自分の身体を大事にするようになったのは、猫との暮らしが始まったあたりからなので、そのことにも感謝です。

ひとりでないことを知ると、健康にも気をつけて身体を大事にするようになる。

自分よりも大切な人やペットがいると、自分をもっと大切にするようになる。

第3章

銀座のママ稼業

この仕事が大好きだから

12

大好きという気持ちを主軸に仕事を続けると、力が湧いて苦労も乗り越えられる。

毎日、銀座の誰よりも酔っぱらって、失敗して。もう恥のかきっぱなしです。冷や汗が出るような裏話はたくさんありますが、怖いからと臆病になって何もしないより、よっしゃーと行動した結果失敗しても、そのほうがずっと小気味いいでしょう。バカにされたり、笑われたり、悪口を言われたり、グサリと傷つくこともあるけれど、それが私の人生だから仕方ないんです。

ごくたまに「カリスマ・ママ」なんて言っていただくことがあって。うれしいですけれど、私の場合、カリスマである必要はなくて。とにかく、自分の失敗は隠さずオープンにしています。

ホステスや他のスタッフとは近い距離でいるオーナーだと思います。家に招き入れたりしますし。私の誕生日が土曜日や日曜日だったりすると、自宅にみんながやって来て、料理をしてくれたり。そのまま泊っていく人もいます。

50代後半になって、20代の従業員はどう思っているのか分からないけれど、私としては距離を置かず、失敗も恥も何もかも見せて。困った時には、どう対応するのか、手の内は全部明らかにしています。

それはホステスを育てるためではないんです。育てるという表現はおこがましい。私もまだ育っている最中で、お互いに成長中ですから。

とにかくこの仕事を好きになってもらいたいから、なんです。

私のいちばんの願いです。今、目の前にある、銀座のホステスという仕事を愛してもらいたい。

自分で偏見をもちながら働いている人、実は多いんですよ。

「本来、私は違う仕事をやりたいんです」

「片手間でやっています」

それじゃ淋《さび》しいです。お客さまと一緒に過ごす時点で、そうしてお金をいただいている時点で、銀座に愛おしさを感じてもらいたい。

私も苦しい時代はありましたし、コロナ禍では立ちすくんでしまいましたが、銀座の仕事が大好きなので、何が起きてもこの先もがんばっていこうと思う力が湧くんです。

好きって気持ちがないと、力も出ないし、知恵も浮かばない。

身近なお客さまからからいただく言葉でいちばん力強かったのが、

「律ちゃんができないことは、誰にもできないよ」

どうしてかって言うと、お客さまは、私が銀座をこよなく愛していることを分かってくださっているからだと思うのです。

さまざまな事情があって銀座のクラブのオーナーをやっている方がいらっしゃいますが、私は、ただただ好きなだけ。

商売人でもないし、センスもないし。関東の温室育ちの根性なしですが、この年まで続けていられるのは、本当に好きだからです。

神さまはいろいろな無理難題という宿題を出してくれるけれど、好きという気持ちがあれば、なんとか乗り越えようとするじゃないですか。

コロナ禍でどうしようもなく不安が募る日々には、好きという気持ちに支えられて、とにかく精一杯生きることを心がけています。

世界はすごい勢いで動いているので、振り落とされないように、とにかく必死にただしがみついているだけ。その時々の流れに沿う、という感じかな。

あえて流される、それもひとつの手。一方で、自分がアクションを起こさないといけない場合もある。その時々で状況は刻々と変わりますから、対応は臨機応変にします。

自分にふりかかっていること、すべてを受け入れ、信じる。「絶対うまくいく」と信じる。それだけです。

損得ばかりを考えず、
ワクワクするかどうかで
仕事を選んでみる。

片手間にやっています、ではなく、
夢中で楽しめると仕事で生き甲斐《がい》がもてる。

13

どんなに嫌なことが起ころうと、受け入れるしかない。だから、心の切り替えが大事。

普段から、気持ちの立て直しは早いほうです。それは銀座仕込みです。この街では、この人が嫌い、あの人も嫌いでは、やっていけません。

ずっと私のことをかわいがってくれていたお客さまが、急に別の店やホステスを気に入って、そこからすっかり縁が切れたりすることは日常茶飯事。私の大嫌いな子をひいきにするかもしれない。それはまったく予測不能なんです。

だけど、どんなことが起ころうと、「こんなにかわいがってくれたのに、親密だったのに」と文句を言えない世界なので、受け入れるしかありません。

そのことが原因で「あんな女、大嫌い」と、罵《のの》りたくなる気持ちになりがちですが、感情に振り回されてはいけません。マイナスの感情のまま露骨に行動すると、最後には自分が傷つき、不幸になってしまいます。

はっきり言って、人間関係をドロドロさせようと思ったら、いくらでも悪い方向に転がっていきます。

「勘定《かんじょう》はもらって、感情は出すな！」

少し乱暴な言い方になりますが、お客さまの感情は受け止めるけれど、「自分のマイナスの感情は出さないように」という意味です。

嫌いだと思ってもいけない。そういう感情を消してしまう。

それくらいストイックにしていないと、重たいものがまとわりついて身動きが取れなくなるんです。

人間ですから、もちろん「嫌だな」とムッとしちゃうことはあります。一瞬にして、どんよりした気持ちになって、崖から突き落とされたような暗い気分になることだってあります。

そうなったら、なるべく早く、平常心に戻すように心がけています。

そんなふうにネガティブな感情に振り回されない訓練を続けてきました。毎日が訓練の場です。心の切り替えが上手にできないと、心身ともに病気になってしまうでしょう。胃潰瘍《いかいよう》になったり、うつ病になったり。病気をしている仕事仲間はたくさんいます、悲しいことに。

心の在り方を自分でコントロールできるように訓練しておくと、生きていくのがうんと楽になるのではないでしょうか。

ネガティブな感情が生まれたら
なるべく早く
平常心に戻すようにする。

心の在り方をコントロールできるように
暮らしの中で少しずつ訓練していく。

14

どん底で嘆き悲しむ人にしてあげられるのは、そっと寄り添うことだけ。

お店では、かなり深刻なお客さまの悩みを伺うこともあります。お子さまと不幸な死に別れをされた、常連のお客さまがいらっしゃいました。

毎日、店にいらして、

「ママ、今までにどれだけ泣いた?」

毎日、同じことを聞かれるんです。

大声で泣きたくても、家族や社員の前で泣けない気持ちはよく分かりますし、お店に来たとて大泣きはできません。さりとて辛すぎて、仕事が終わっても、真っ直ぐ家に帰る気がしない。

私もなんて言葉をかけていいのか……。まったく分からないですし、どうにもしてあげられません。お客さまも、何かして欲しい、慰めて欲しいという気持ちはなかったと思います。

私はただ質問に答えるだけでした。

「ママ、今までにどれだけ泣いた？　どれだけ苦しいことがあった？」

「そりゃいっぱい泣きましたよ」

「その時、どうしたの？」

こんな会話を繰り返す日々が続きました。

お客さまは、「苦しいのは、自分だけじゃない」と思いたいんだろうなと感じました。私がさんざん苦労していることが目に映っているから、そういうふうに聞かれるんだろうなと。

だから、慰めの言葉ではなく、お客さまの発する言葉に真摯《しんし》に耳を傾けて、「乗り越えていって欲しい」と願いながら、寄り添うことしかできません。

きっとご本人は、今では何を聞いて、何を答えたかなんて覚えていないはずです。ただ、必死で、何かにつかまりたくて。それが分かるから、私も質問されたいくつかの言葉だけしか覚えていないんです。他は全部忘れました。

そのお客さまは、苦しみの心を吐き出せるやわらかい人だったので、結局は強かったんです。誰にも話せない、逃げ道がないまじめオンリーの人だと、ポキンと折れてしまう。時間はかかりましたが、今ではすっかり元気です。

お店にいらした際には、「よく乗り越えましたよね」と1回はその話になります。

「あの時は本当に辛かったよ」

「そうですよ。本当によかった。よかったですよ」

立ちすくんで、もう前に進めないと思うほど苦しくても、明けない夜はない。

必死にしがみついて生きていたら、必ず朝はやってくるんですよね。

ひとりで抱え込まず、
苦しみの心を外に吐き出せる
やわらかい人でありたい。

必死にしがみついて生き続けていたら、
どんなに苦しくても明けない夜はない。

15

気に入らない内容でも、悪意のない他人の評価なら素直に受け入れたほうが得。

とにかく他人の評価は、いったん素直に受け入れたほうがいいと思います。相手にも自分が思っているように見て欲しいと願うから、聞きたくないことには、耳をふさいで拒絶しがちでしょう。

まずはどう見られているのか、ちゃんと聞く耳をもつ。例えば、もしおブスって言われたら、「ブスだって……」。もう、信じられない」って落ち込んだり、恨んだりする人は多いけれど、自分を卑下する必要はまったくなくて、単に別の価値観を受け入れるだけ。その受け入れ力が身につくと、軽やかに生きていけます。

視点を変えて、「どこがおブスなのかしら?」と考えてみれば、顔の造作が不細工なのか?　髪型かな?　服装かな?　態度だったりして?「そういえば、いつも両脚を開いて座っているわ」と改めて気づくこともあるんです。

耳が痛いことを言われた時、落ち込んだり、恨んだりして、いたずらにテンションを下げるんじゃなくて、自分は他人にどんな印象を与えているかを知り、学び取らんとする気持ちをもちたいですよね。

その気持ちがあるとないとでは、傷つき方がぜんぜん違います。

5年くらい経って、同じ人に会って、「きれいになったね」と言われたとする。そうすると、「ありがとうございます」ってなるわけです。感謝ですよ。

浴びせられた言葉が悪意に満ちたいじわるでずるいものなら、そんなのは気にもかけず無視すればいいんです。そうじゃない言葉の場合、素直に聞いて、明るく自分育てにつなげれば、ゲームみたいでむしろ楽しくなるでしょう。

子どもは正直です。私のセットした和髪を見て、「かぶとむし」と言うんです。

思ったまんま。そりゃそうだ。こんな頭、見たことないでしょうから。吹き出しちゃいました。

そもそもズバッと何か言われることに免疫がない人は多いから、ちょっと意に沿わないと、がっくり落ち込んだり、あんなやつに言われる筋合いはないと恨んだりする。自分の内側にこもるタイプと、社会や他人という外側を責めるタイプの2パターンに大別される気がします。

以前通っていた美容院の店長さんから聞いた話です。その店の若い男性美容師さんが、ちょっと手が遅くて。「もっと手を早めたら、何人もお客さんの対応ができるから、少し手早くやってみてね」って背中をポンポンとたたいたら、休憩時間から戻ってくる時におまわりさんを連れてきて、「暴力をふるわれた」と大騒ぎになったそうです。

そういう話を聞くと、時代は変わってきたとも思いますが、「もったいない。自分の伸びしろを自分でつぶしちゃっているわ」と残念です。

他人の評価を受け入れる力が育つと、軽やかに生きていける。

振り回されるのではなく、別の価値観だと割り切ればおもしろくなる。

16

会話や相づちの打ち方は一朝一夕では上達しないから、日々、マイペースで訓練する。

人との会話が下手で、どうしていいかまったく分からないから教えて欲しいと言われることはよくあります。言葉のキャッチボールができないホステス、実は結構いるんです。

それから、姿勢。猫背になっている人も多いです。いくらきれいな顔立ちでも、姿勢が悪いのはいただけません。

例えば、店の新人ホステスが、お客さまに誘われてお食事に行くことになったら、「まずは姿勢に気をつけて、ごはんを食べなさい」と声をかけます。

翌日に、

「ちゃんとできた？」

「できました」

「次の日、ちゃんとお礼の電話した？」

「電話番号を聞いていません」

「はっ？　なぜ？」

2時間も一緒にごはんを食べて、どうして電話番号を聞かなかったのか。びっくりします。

「お礼の電話をするものなんですか？　本当に分からないんです。誰も教えてくれないから」

そういう20代はゴロゴロいますから、分からなくても、教えてもらいたいという気持ちがあるなら、よしとしましょう。

けれど会話を楽しんだり、盛り上げたりがなかなかできない。

お客さまから、「ゴルフに行こうよ」と誘われても、「ゴルフしませんから」と返すだけなので、そこでばっさり会話は途切れます。

「打ちっぱなしは行ったことがありますけれど、分からないから、教えてください」とでも言いなさいと伝えると、「そうなんですね」と納得しています。

「まだ下手なので、上手くなったら、一緒に行きたいです」と返答してもいいし。本当はゴルフをやっていなくても、そこはちょっと話を盛り上げる方向で進めていかないと、会話は楽しめないものです。

逆に、ものすごく気の利いたホステスだと、お客さまが、誕生日プレゼントに私が差し上げたネクタイをしてきてくれた時、ちゃんと気づいて、「ママのネクタイだ」って会話の中に絶妙のタイミングで盛り込んでくるんです。

それを聞いたお客さまは、「今日はママと飯を食うからさ。このネクタイを探すのはたいへんだったんだよ。わざわざ探してつけてきたんだよ」と気づいたことで、ご機嫌になってくださる。

一朝一夕では会話は上手くなりませんから、日々の訓練が必要です。

私は、本来は自分から話すのは好きではなく、どちらかというと苦手なタイプ。この仕事を始めた当初、こんなにしゃべらないといけないんだと気づいた時は、びっくりしました。ただのおしゃべりではダメなわけですから、焦りました。

電車に乗って、看板を見て、そこに書かれた言葉からどうやって話題を広げるか、その練習をひたすら繰り返していました。

ニュースネタはお客さまにお任せします。あまり知りすぎていたら、お客さまがせっかく話しているのに、「そうではありません、間違っています」とか言って、一気にシラケさせちゃうことがあるからです。

お客さまがよくご存じのことは、「そうなんですか」としっかり聞きます。「そうなんですか」という相づちを打つと、話した甲斐があると思っていただけるし、もっと話したい、もっと教えたいと、たくさんのことを楽しく語ってくださるんです。

ただし、合いの手の入れ方次第では、そのひと言でお客さまを怒らせてしまうこともあります。きちんと話を聞いておらず、ズレた相づちを適当に言ってしまった場合です。

返しが変になると、うわの空で接客していることがバレます。そして、お客さまは、一瞬のうちに、みるみる顔色が変わっていきます。

「そこは、そうですよね、じゃないでしょう、あなた。人の話、聞いているの?」

ちゃんと聞いていれば済む話なんです。「この人、何を言いたいんだろう」とちゃんと興味をもって人の話に耳を傾ける。これは自分で訓練するしかありません。身近だと、親の話をまじめに聞く。それもいい練習になると思います。

会話を楽しむコツは、いかに楽しく広げていくかにある。

味気ない一問一答で終わらせないために、自分の中の引き出しの数を増やしておく。

17

謝ればいい、ってものじゃない。相手に謝罪の気持ちが伝わっていなければ意味がない。

よく、「もう謝ったじゃないですか」と言う人がいます。そうではないんですよね。いくら謝ったとしても、相手に伝わらないと謝ったことにならない。

自分が本当に悪いと思って謝っているのに、伝わらないこともあるんです。心でどんなに思っていても、伝わらないことがあるという悲しい事実に、大人になるとようやく気がつきます。

だから、この人にはどんな謝り方がいいのか、謝罪の気持ちの伝え方を考える必要があります。

謝るといっても、ただ「ごめんなさい」と言うだけで伝わる相手なのか。昔つき合っていた男性に、「律子は泣かないからダメなんだ」と言われたことがあり、びっくりしました。だから、涙を流したほうがいい時もある。何回も謝るんじゃなくて、一粒の涙のほうが、この人には分かってもらえるかもしれない。

そんなふうに、相手の気持ちをうかがいながらでないと、ムダ謝りになってしまう可能性もあることを知っておくほうがいいのでしょう。お客さまでも、恋人でも、親子でも、友人でも。そのことを考えるのは大事です。

ささいな親子喧嘩《げんか》、恋人や友だちとの言い合いでも、ちょっと嫌な気分が残っていることがあるじゃないですか。

そしたら、次に会った時、「この間、私、こういう言い方をしちゃったんだけれど、ごめんね」と謝ります。「もし話の流れで、誤解されていたら嫌だから。私、ひどい言い方をしたよね。ごめん」と。

もめごとが起きた当日は、相手の感情も、自分の感情も高ぶっていたりするので、ちょっと時間を置いてから、現状の確認作業をしながら謝ります。あんまりしつこく謝りたおしても、ダメなんです。バランスです。

気持ちを押しつけられるとうっとうしい。自分を許して欲しい、という気持ちのほうが強いとかえって嫌がられます。

許して欲しいんではなくて、「ごめんなさい」という気持ち。それは別のものだと思います。許しを請うというより、自分が悪かったことを伝えようとする気持ちが大切。

それは気配として相手にしっかり伝わります。また、相手のそうした気配を敏感に感じ取れる自分でいたいとも思います。

「筆談ホステス」で一世を風靡《ふうび》した斉藤里恵さんは、私の店のホステスでした。スタッフが彼女の面接をしていた時、彼女はカウンターに座っていたので、入り口に背を向ける格好でした。私は、彼女の耳が聞こえないことを知らず、女の子を面接しているなと思いながら、店に入っていきました。

スタッフが、チラリと私に目線を投げかけると同時に、背後から入ってきた私のほうに振り向いたんです。そして、立ち上がって、会釈してくれて。

スタッフの動きを見て、誰か店に入ってきた気配を察知し、瞬時に反応していたんです。誰か店に入ってきても、耳の聞こえるホステスでも、目の前のことでいっぱいいっぱいだと、なかなかそんな動きができません。

彼女に対しては、「この子は、すごいな。いつも面接にくる子とは、ぜんぜん違う」というのが、第一印象でした。

気配を感じ取るのも、訓練です。

お酒を作りながら、相づちを打つ。ホステスには必要なスキルです。話に夢中になって、お客さまのグラスが空いているのに気がつかない、また、お酒を作るのに精一杯で、話を聞いていない。難しいところです。

寿司店のカウンターに座るといい勉強になります。

次々と注文を聞きながら、手を動かし、お客さんのおしゃべりの相手もして、すごい技です。そして、「一杯、どうぞ」とビールをすすめられたら愛想よくいただき、トイレにも行かない。

あの方たちは、本当にプロだとつくづく感服します。だから、寿司店に行くのは大好きです。

心でどんなに強く思っていても、
悲しいかな、その気持ちが
相手に伝わらないこともある。

許して欲しい気持ちを押しつけるのではなく、
「ごめん」と謝罪の意を伝えることが大切。

18

挨拶はとても大事。特に最後のお礼の挨拶は、しっかり見られている。

夜でも、「おはようございます」。帰りは、「お疲れさまでした」。お店では、そんな挨拶が日常的です。

お客さまに対しては、「いらっしゃいませ」という言葉があまり好きでないので、「こんばんは」。帰る時は、「ありがとうございました」と「行ってらっしゃい」。そう言うと、「帰るよ、もう帰るんだよ」ってあわてておっしゃったりして、男性のかわいいなと思える一面です。「さよなら」は使いません。

最後の「ありがとうございました」は、しっかりとふざけないで頭を下げるようにホステスには言っています。

銀座の女性は、そういうところは見られているんです。

結構私、お見送りの際に、新規のお客さまからお声をかけていただくことが多いんです。

「どこのお店？　何階なの？」と下で声をかけられます。

「ありがとうございました」という最後のお見送りの際の態度をたまたま見かけて、気に入ってくださるようなのですが、最後の挨拶をしっかりするというのは、きっと見ていても気持ちがいいことなんでしょう。


敬語も大切なので、ホステスには使うように話しています。

接客中、その場で注意することもあります。後から言っても、何の話か忘れてしまっているでしょう。

そういうことを嫌がるお客さまも多いです。「後で注意しなよ」って。

そのお気持ちも分かりますが、その程度のことはその場で言ってあげないと身につかないこともあるからです。

昔はお客さまが注意してくださっていました。私はかなり直されましたから、お客さまに。

最後に頭を下げてお礼を伝える。
その姿は、はたで見ていても
気持ちのいい美しい行為。

「ありがとうございました」の挨拶は
ふざけずに真摯な心で行うこと。

19

上品で丁寧な言葉は気取らずに、笑いのニュアンスで楽しく使う。

日本語が大好きなので、なるべく、「ございます」「ごきげんよう」といったきれいな言葉を使うように心がけたいものです。

よく聞く「うそ」「マジ」「あり得ない」「やばい」は貧しい気がして、好きではないんです。「やばい」というのは、「たいへんまずい」という意味なのに、おいしくても「やばい」って言うのが普通になっていますが、「たいへんおいしゅうございます」という雰囲気のある美しい言葉が流行《はや》っていくと素敵です。

例えば「さようでございます」っていう言葉、最初から気取った調子で言うとなんだか白々しいけれど、お笑いのようなニュアンスも含めた使い方をすると、会話がぐんと楽しくなります。

「ごきげんよう」
「恐れ入ります」
「ありがとう存じます」

どんどん使っていきたいです。

「律子ママ、今日もきれいだね」
「ありがとう存じます」

場が和みますよね。ちょっとふざけている感じもありつつ、決して不愉快ではない返し。「まじー」と答えるよりもずっと艶やか。

そういうふうに女性が言葉を使っていたら、男性もドキッとするというか、ほめてよかったと思えるのではないでしょうか。

せっかくほめられたら、返す言葉として、相手がさらに心地よくなる言葉を選んで口にする。ほめられたら倍返しです。

そして、「ダメ」ではなくて、「いけません……」。

男性が女の人を触ろうとしたら、うつむき加減で「いけません……」と答える。これは言葉のトーン、声の大きさなどのニュアンスが大事です。伏し目がちにするなど仕草もつけると、効果てきめん。

そういう言葉の引き出しがあると、女性としてとてもいい。とっさの時には身を守ってくれるはずです。関東のがらっぱち娘だった私が、こんなことを言っても説得力はないんですが、実は、こういったことは、歌舞伎の女形さんや、ゲイの友だちから教わるんです。あの人たちは本当に女性らしい言葉や仕草を知っていますから。

場をじんわりと和ませる
きれいな言葉を身につけると、
女性としての艶が出る。

大人の女性の言葉の使い方を覚えると
とっさの時に身を守る武器にもなる。

第4章

自分を慈しむ

小さな幸せを重ねる暮らし

20

東日本大震災の後、希望と前進がモットーの「ガーベラ会」でボランティア。

東日本大震災から2ヶ月後の5月、バス一台を貸し切り、お客さまのを伝手《つて》を頼って、銀座の仲間と宮城県石巻市までボランティアに出かけました。泥をかき出すお手伝いです。

現地の状況はすさまじく、いたるところが津波によって運ばれた泥や砂、ガレキに埋めつくされ、いったいどこから道路なのか、家と庭の境目も、まったく分かりません。泥の中からは洗面台が出てきたり、魚が出てきたり、皆目見当がつかないものが出てきたりする。何が埋まっているのか……、と緊張しながらの作業でした。心を無の状態にしていないと、辛すぎて負けてしまいそうです。

作業をしていたら、「ミイちゃんのエサ」と書いてあるものを見つけました。

「この家、猫を飼っていたんだ」と思い、かなり時間が経って、太陽が沈みかけてきた頃、どこからともなく「ニャー、ニャー」と鳴き声が聞こえてきました。

「あれ？　もしかしてミイちゃん？　ミイちゃんー」

と声をかけたら、やせ細ったニャンコが一目散に飛んできて、ゴロゴロと私に甘えてきます。

「淋しかったよね。ごめんね。のどが渇いたの？　おなかがすいたの？」

他の人には、私の声だけしか聞こえないから、「律子ママ、おかしくなっちゃった？　猫の幻想を見ている？」と本気で心配したそうです。

後日、ミイちゃんは、無事に飼い主さんと再会できたと聞き、安心しました。

以来、「ガーベラ会」というボランティアグループを作り、微力ながらお手伝いをさせてもらっていました。ガーベラの花言葉は「希望と前進」。

昴の店の入り口には、いつもガーベラの花を飾っています。あの時のことを忘れないように。

震災の被害だけでも苦しいのに、その後にも結構なトラブルが起きています。お互いに傷つけ合って、憎しみ合って、離婚や一家離散になったり、病気になったりと本当に痛々しい。いまだに苦しまれている方がたくさんいるから、決して忘れてはいけないと肝に銘じています。

それでも、みんな、生きていかないといけないんです。

不平等な話ですが、私たちは選ばれてこの世に生まれ出て、魂と身体を与えられた命なので、与えられた時間は大切に生き抜く責任があります。そういうことを改めて怖いくらいに感じました。

ですから、どんなことが起きたとしても、自分を痛め傷つけるのではなく、慈しんで生きていきたいのです。

選ばれて生まれてきた命だから、
与えられた時間を
生き抜く責任がある。

何があっても、痛め傷つけるのではなく、
自分を慈しんで生きていきたい。

21

自分の身体は神さまからの借りものだから、大切に慈しみたい。

自分への慈しみの中で軸になる考え方は、「自分の身体は神さまからの借りもの」ということです。

魂は己のオリジナルのものだから、日々努力して研鑽《けんさん》を重ねたい。一方、身体はお借りしているものだから、大切に慈しむ。もちろん、自分の魂にも慈しみは必要なのですが、身体の場合はより一層という気がします。

身体はものすごい数の細胞を抱えていますよね。そのすべてが休まずに黙々と働き続けてくれる現実に、まずは感謝。労《いたわ》ってあげたいです。

私の場合、まずは声かけから。

「大丈夫だよ」

「何があっても私が守るから、安心してね」

「絶対に見捨てないよ」

具体的には、例えば、トイレに行ったら、おなかをさすって「今日もありがとう」と伝えています。

普段おいしいものをいただくのが大好きなので、食べたいものは食べる、飲みたいものは飲む、そんな自由な暮らしです。お菓子もいただくし、ダイエットはしません。それでも、いつもありがとうと言っているからなのか、便秘に悩んだことはありません。

ちょっと違和感を感じると、おなかをやさしく押して、手のひらから「大丈夫、大丈夫」というメッセージを伝えます。お手当てです。

便器に座ってふんふんと力むだけより、押したり、さすったりと、身体の仕事をサポートしてあげるほうが、身体への愛が伝わりますよね。

そして、最後に、「バイバイ、ありがとうねー」と言葉をかけてから水を流します。実際に声に出さなくても、要は気持ちの問題です。

「身体に必要なものを取り入れ、不要なものを出してくれて本当にありがとう」と心からの感謝です。

こうした慈しみは、その都度、思うことが大切です。


毎日ぬか床をかき混ぜているんですが、その後にお炊事もするから、全部家事を終えてからにしようとハンドクリームを塗る手間を惜しんでいたら、あっという間にガサガサになります。

面倒でも、その都度、手を洗ってクリームをつけてあげる。そうすると、身体は正直だから、スベスベになります。

自分を慈しむ、なんて言うと、大きなことを想像しがちですが、日々の小さな出来事と丁寧に向き合い、面倒なことを習慣にしてみるんです。

お風呂に入った時、裸になるので分かりやすいと思うんですが、全身を温めて、さすってあげるのも慈しみのひとつです。

ボディチェックにもなりますし。おなかがちょっと出てきた、ウエストがたるんできた、乳がんチェックもしておこうというふうに、どんどん愛が広がります。「本当にご苦労さま、いつもありがとう」という気持ちで、お風呂に入った時には、全身を手でさすります。

身体を洗う際、以前はゴシゴシと垢《あか》すりをしていましたが、もともと乾燥肌なので、今ではたっぷりの泡だけでやさしく洗い上げます。続けていたら、冬の乾燥肌で悩まなくなりました。

お肌をガサガサしたまま放っておくのは、お肌に対して失礼な態度です。エステで磨くのもいいですが、放置せず、日々愛情を注いであげることのほうが、お金もかからず、自分に対してやさしい気持ちにもなります。

庭いじりでも、手を抜くと雑草が生い茂ってくるように、肌も慈しんであげないと泣き声を上げて悲しんでいるんです。

少しでも気を配ってあげると、ツルツル、ピカピカになって、「うれしいよ」と応えてくれる。そうすると、また、私からも「ありがとうね」。


私は深夜の帰宅後、眠る前に、湯船に湯をはって、ゆっくりとお風呂時間を楽しみます。「酔っぱらって眠り込んでしまうと危ないからよくないよ」と言われることもありますが、それでも、入ってしまいますね。

好きな香りの入浴剤を入れて、電気を消して。かなりリラックス。でも本当に、くれぐれも眠り込んでしまわないように要注意です。

まずは、感謝の声がけから。
誰でもすぐに始められる、
自分の身体を慈しむ方法。

手をかけたら、その分ちゃんと応えてくれる。
身体からのお礼のメッセージを見逃さないで。

22

毎日続けていることは、朝の昆布水と、夜の納豆。お金もかからず、無理せず楽しく。

必ず朝起きて一杯飲みます。

お酒ではないですよ。白湯《さゆ》でもなくて、昆布水。麦茶ポットに水750㎖と昆布1枚を入れて作り置きしています。

最初は出汁《だし》として使っていましたが、今はすっかりドリンクです。冷蔵庫に入れておけば、3、4日で飲み終わります。

夏でも冬でも、軽く温めて飲んでいます。朝は身体を冷やしてはいけないと思い、また、夏でも温かいドリンクのほうがかえってすっきりするからです。

飲み終わったら、昆布を取り出して食べています。水とめんつゆで煮たら、簡単につくだ煮が作れますし、調理中のいい香りからも幸せになれるんです。

寝る前には、小さめの納豆1カップを食べています。毎日食べるといいと聞いたので、ここ2年くらいは欠かしません。

酔って帰ると、ちょっと小腹がすいているので、納豆がちょうどいいんです。時には海苔《のり》や刻んだおしんこを混ぜるなどしてアレンジも楽しみます。

眠る前なので、意識してよく噛《か》むし、おなかがすいているから味わうし。おいしいんですよ。きれいに歯も磨くから、いいことずくめですね。

次の日、目覚めると、肌がつるんとしている気がします。本当のところはどうなのか分かりませんが、そういう気がする、その気持ちが大事。

そしたら、最近では、「肌、きれいになったね。何をやっているの？」と聞かれるようになりました。

毎日続けられる「就寝前の納豆」は私のおすすめ美容法。食べられなかったときは、朝食に納豆ご飯を食べたりします。

これまで毎日の習慣にしていた健康法や美容法はいっぱいありますが、どんどん変わっていくんです。人から「これがいいよ」と教えてもらったら、即試して、自分に合っていたら続けます。やり続けることで、身体が応えてくれるはずだから。数回ちょろちょろとやるだけでは意味がない。そういえば、しばらく青汁にはまっていた時期もありました。

なるべくお金をかけないで、無理せずに楽しく続けられる方法がベストですね。

毎日の健康法、美容法は
しばらく続けるからこそ、
身体が答えを出してくれる。

「するべき」と義務感で行うのではなく、
小さな楽しみとして、喜びの心で続けてみる。

23

落ち込んだ時には、身体に元気が根付く根野菜を食べて気持ちをリセット。

気持ちが落ち込むような時には、必ず根野菜を食べます。にんじん、だいこん、れんこん、ごぼうなど。土の中で自然の恵みを貪欲なまでにたっぷり吸収して育つ根野菜から、立ち直る力を授けてもらいます。

根野菜は、根性の野菜ですからね。「私にもそのド根性パワーが根付きますように」という気持ちでポリポリいただくと、すごく元気になってきます。外食に出かけても、根野菜のメニューがあれば意識して選びます。

根野菜を育てるのは、とてもたいへんでしょう。例えばれんこん。店頭ではすぐ手に入りますが、泥が深く、夏は暑くて冬は冷たいれんこん田に入って、育てて、収穫するまでの重労働たるや、いかばかりか。

そして、根野菜に関しては、最後に土中から引っこ抜いてみないと生育の状態がよく分からないという、自然との大いなるかけひきがあり、その後にやっと、商品として選《よ》りすぐられ、認められて店先に並びます。

途中で腐ったり、捨てられたりした仲間の野菜もいたでしょうに、「よくここまでたどり着いたね。すごいことだよ」と目の前の根野菜たちに語りかけたくなるほど愛おしいです。

「人生と同じだなぁ」としみじみ感じる時もあり、そういう意味でも、たくましい根野菜には慰められています。

時折、川のせせらぎや野鳥の声の癒し系CDをプレゼントされるのですが、聴いてみたら、イライラしてまったくリラックスできませんでした。

目の前に川や森があって、本物の音が聞こえてくるなら癒されますが、録音はダメでした。そこに自然がないと。だから、やっぱり根野菜なんです。

食事は、回数や時間帯は意識していません。ランチは何時に食べなきゃ、というルールはなしにしています。食べられない日もよくありますし。

加えて、あまりにも規則正しく食事をしていると、私の場合、いざ狂った時に身体がびっくりして、体調が崩れてしまったらたいへんです。私の事情に私の身体がついてきてくれないと困りますから。

ただ、食べる際には食材の命をもらっていることを意識し、とても集中していただくようにしています。

そういえば、我が家の猫の食事も、ある程度は決まった時間ですけれど、時間というより、私が起きた時、出かける時、帰ってきた時という具合に決めています。そうしておくと、心が振り回されないし、猫もそれについてきてくれます。

根野菜が店頭に並ぶまでには
人生と同じように紆余《うよ》曲折があり、
その物語からも慰められる。

食べる際には集中して、
意識して食材の力を取り入れるようにする。

24

朝に起きて、昼の時間をフル活用。着付け、英会話、調理師免許取得と有意義に使う。

睡眠時間は短いほうです。帰ったら着物を脱いで、お化粧を落として、納豆を食べて、お風呂に入ると、それで2時間くらいはかかります。空が白んできた頃に床に就く日もありますが、朝には起きるようにしています。

そもそも「たっぷり寝なくてはいけない」と思っていないんです。確かに、よく寝ている人は肌がきれい。睡眠時間が足りている人の、もちっとした素肌感があります。私には無理なので、補うために昆布水ですね。

睡眠時間より、朝の時間のほうが大切です。最近では、ごくたまにですが、昼寝もできるようになったので、それで十分です。コロナ禍の休業中には、自分でもびっくりするほどよく眠りました。まるで冬眠しているクマのように。

朝の時間は、電話もかかってこないし、メールもほとんど届かない。猫とゆっくり過ごせる唯一の自由時間です。午前中のうちにヨガに行くこともあります。午後になると、一気にバタバタしてきて、午後2時を過ぎたら、気持ちは銀座のほうに向いちゃっています。完全に仕事モードの戦闘態勢です。

食事は、朝のご飯は作り置きを食べて、お昼はお菓子、夜はお客さまと一緒にするというのが、長年のパターン。お酒もたくさんいただきますが、お茶とお菓子も好きで、ランチも兼ねたお茶の時間がお気に入りです。

猫たちに、「今日はコーヒーにする？　紅茶にする？」と話しかけながら、のんびり座ってティータイムを楽しみます。ニャンコたちにもおやつをあげて、一緒に贅沢な時間を満喫して、もう最高です。猫との暮らしで、くつろぐことを覚えました。

ホステスになりたての頃、昼間の時間に勉強して、調理師免許を取得しました。「いつか飲食店ができたらいいな」と思いながら。

ホステスになったのは、「日中の時間帯を有効に利用できる」というのも魅力的だったからです。それから、思いっきりお洒落ができる職場だと思ったのも、理由のひとつでした。

会社員時代は、仕事が終わるともう一日が終了したという感じで、夜だけしか好きなことができません。その点、ホステスなら、ちゃんと朝起きれば、夕方までの時間は自由に使えますから。

若い頃は外資系のお客さまも多く、英会話が必要になったので、語学レッスンを受けていました。それから、着付けの学校にも通いました。昼間の時間を有意義に使っていて、充実していました。

お店が25周年を迎える少し前、なんだか疲れてしまって、午後まで起き上がれない日が続きました。うちのスタッフに、「午後2時までまったく目覚めない」と話したら、「律子ママ、ようやく水商売の人になりましたね」って言われました。うちのホステスに聞いたら、「午後5時の鐘が鳴るまで起きないですよ。帰ってもすぐには寝られないから、眠るのは朝8時くらい」と教えてくれました。

身体が元気なのに、日中パジャマでダラダラと過ごすなんて、私には許せないことでした。自分に厳しいというより、劣等感のかたまりだから。いつも動いていないと、生き遅れてしまうのではないかと心配で。自信がないんです。

実家に帰っても、「よく働くね、少し休んだら」と父親に言われます。「せっかく帰ってきたんだから、座っていなさいよ」と。

無理なんです。朝起きたら、モップで部屋の掃除からスタートするほど、家事は大好き。整理整頓は、私のストレス解消法です。クローゼットも引き出しも、ショップのようにきれいに並んでるのが好きで、どこに何があるのか、すべて把握しています。

実家に帰っても、せっせと片付けをしていたので、

「律子が来たぞ。また捨てられるぞ」

「これはまだ使うのよ」

って言われたり。

最近では、「片付かない状態でも両親は楽しく過ごしているのだから、このままでいいのかな」とやっと許せるようになってきました。

睡眠時間は短くて構わない。
朝の自由時間を楽しみたいから、
朝起きることを敢行する。

世間の常識が私の常識だとは限らない。
私らしさを軸にして、人生を生き抜きたい。

25

お酒は悪いものではない。悪いと思って飲むから、悪影響が出てしまうだけ。

家のご飯は玄米をいただきます。「玄米でないとダメ」といった主義主張で食べているのではなく、いつも知り合いがおいしい玄米を送ってくださるので、感謝して頂戴しています。

私は食材の種類や銘柄などにはこだわりがなく、それより食材への感謝が大切。そう思っています。食べられることは、とてもありがたいのですから。

すべての食材は、つまるところ全部身体にいいんです。健康ブームで、「あの食材が効く、これにも効き目がある」なんてよく言われますが、結局は全部いいのだと思います。野菜、果物、肉、魚など、それぞれの命に意味があって、生き抜いて店頭に並び、私と出会っているので、その奇跡を考えればすべてOK。

お酒も悪いものだとは考えていません。お酒にも意味があるんです。ただ、悪いものだと思って飲めば、悪酔いしたり、体調を崩したり、身体に悪影響を与えることになるでしょう。

スイーツだって同様です。罪悪感を抱きながら食べると、太ってしまう気がします。楽しんでいただくと、少量で満腹になります。

「太るから、絶対に食べちゃダメ」と楽しくない方向で自分をコントロールするのではなく、「明日の分を残しておこう。楽しみが増えてラッキー」と考え方を変えれば、食べすぎは防げるような気がします。

小さい楽しみをいっぱいもつのは大事なことです。

日々の、目の前の、ささやかな楽しみで十分。大きな楽しみばかり追いかけても、すぐには実行できないので、「足るを知る心」をもちたいものです。

少女時代の小さな楽しみは、詩を書くことでした。今ではまったく書かなくなりましたけれど、本当に大好きで、唯一心の慰めでもあったんです。

何を書いても、誰にも何にも言われないので、自由に書いている時がいちばん気持ちいい時間でした。ただひたすら楽しくて。

かつて、『中学生日記』というテレビドラマシリーズがありました。その番組では、年に数回討論会の企画があったんですけれど、そこで私の詩が朗読されたんです。中学2年生の時でした。

自分で応募した詩のタイトルは「うそつき」。

友だちがすごくうそをつく子で、その子はうそをつきますが、私はうそと知ってだまされているふりをしている、そういう内容でした。

今では素敵な思い出です。

目の前の小さな楽しみを
いっぱいもっておく。
そして、満足できる心をもつ。

日々のささやかな楽しみで十分だと知ること。
贅沢な楽しみだけが幸せを運ぶわけではない。

26

観劇、津軽三味線、詩。
魂を慈しむための
楽しくてうれしくて愛すべき趣味。

新派や歌舞伎などの舞台ファンなので、月数回は観劇に出かけます。舞台の中の、特に新派の言葉遣いや仕草は、たまらないですね。男性と女性がまったく違う言葉を使いますし、仕草も別もの。「あの頃の日本はよかったな、本当に美しいな」と心地よくて、うっとりします。

私たちの仕事と似ている部分もあるんです。

お客さまがどう思われたかで、同じことでも、臨機応変に対応しないといけない。同じ舞台を何回も見ていると、前回と異なる芝居があるんです。お客さまの反応を見て、マイナーチェンジしているのでしょう。

映画と違って、舞台は、この変えていく様がよく似ているので、おもしろいし、勉強になります。楽しみながら学べるってうれしいことです。


8年くらい前から、津軽三味線を習っています。そういう話をすると、「なぜ、津軽三味線なの？」とよく聞かれます。新派でも、歌舞伎でも、細棹や中棹の三味線を使う長唄や小唄、常磐津《ときわづ》、清元ですものね。

関東の人間なので、東北の津軽地方の民謡の伴奏に用いられていた津軽三味線には、まったくご縁がありませんでした。太棹のずしりと重い三味線を使う津軽三味線は、今まで経験してきた世界と異なる別次元のもの。だからこそ、すっかり魅せられて夢中になったんです。

ある時、店の経営のことを考えていたら、途方に暮れてしまって。

「いつまで続けたらいいんだろう」

「何歳まで現役で仕事できるんだろう」

そう思った時に、ふっと行っちゃったんです、まったく違う世界に。

いざ練習を始めてみたら、まず、津軽三味線の図太くて強い音が大好きになり、とりこになってしまいました。

唄は東北地方の嘆きのような内容が多く、関東の温室育ちの私には、詩の内容の深みは分からないし、東北の寒さや人生観も分からない。耳慣れしていませんが、魂の叫びなのはビンビン伝わってきます。

ブルースです。たまりません。

ちっとも上達しませんが、上手な先輩や先生方の演奏を観て、「いつかあんなふうに弾けたらいいなぁ」と、この年になって憧れをもてることは、生きがいにもなります。

できる、できないではなくて、「やってみたい」「やれたらいいな」の気持ちで、日々のテンションが上がるのです。

もっと若い時代、19歳の頃には、もともと詩を書いたり、詩を読んだりするのが大好きだったので、作詞教室に通って勉強をしていました。実は作詞家に憧れていたんです。

もちろん楽しかったです。才能はないんでしょうけれど、楽しくてしょうがなかったんです。電車に乗っても、何をしていても、詩がどんどん頭の中に浮かんでくる。言葉は出し続けても無くなりませんでした。孤独だったんだと思います。淋しさを言葉で紡いでいたのでしょう。

幼い頃から、私は余計なことばかり考えていました。

2歳くらいから記憶があって、まだ幼子なのに、その頃から孤独感というか淋しさを感じて。自分だけが人間で、もしかしたら自分が寝ている間に、本当は家族全員が怪獣に戻っているのではないかと思っていました。

「星ってきれいだなぁ。あの星は亡くなったおじいちゃん」と夜空を見上げていましたが、学校の授業で星の構成要素を知って、がっかりしました。

当時は、自分のことを考えていると、身体の上のあたりから自分の姿を見ている、もうひとりの自分がいました。ものすごく客観的で冷静な自分です。そうなると疲れ果てるので、あまりやらないように注意していました。

そうした体験からも、身体は借りもので、魂は自分自身と考えるようになったのかもしれません。

亡くなる方がその前に夢に出てくるということがよくあったので、きっと霊感は強かったのでしょう。親にも、心配事があると、「律子、何か感じる？」と聞かれていました。「カラスが鳴いていないから、大丈夫だよ」とごく普通に返事をしていました。

今はお酒をよく飲むからか、すっかり霊感はありません。子ども時代の話は前世の、遠い記憶のようです。

夢中になれる趣味に打ち込んだら、
魂が震えるほど喜んで、
どんどん幸せになる。

損得勘定抜きして向き合える何かがあると、
人生の枝葉が広がって、視野も深まる。

27

女性らしい所作や身だしなみには、ドキドキと胸が高鳴る愛おしさがある。

茶筒の外ぶたを取って、中ぶたを外し、茶さじで茶葉をすくって急須に入れる。湯冷ましからぬるめのお湯を急須に注ぎ、しばらく蒸らして、湯のみに移す。その一連の動作を愛おしく感じます。

流れるような美しい動き。ほんのり茶葉の香りも漂って、「これから、お茶の時間だ」と、子ども心にときめいたことをはっきりと覚えています。

自宅でも、毎日、自分ひとりのためだけにお茶を淹《い》れていますが、私にとっては、お茶を淹れるすべての動作が癒しです。五感がゆるんでくるんです。

最近は、ペットボトルが主流になりました。でも、ここは時短の問題ではないんです、私にとっては。

舞台でも、女性がお茶を淹れるシーンがあると、「これ、これ、これよ」ってうれしくなりますし、たおやかな仕草にドキドキと胸が高鳴ります。

着物に合う髪型も大事にしています。

毎日、美容院でセットしてもらいますが、「今日は似合っていないかも」と感じると、その日一日がブルーな気分になります。銀座のママはみんなそうだと思います。芸者さんも同じなんじゃないでしょうか。

勝手に自分の顔に似合うと思い込んでいる好きな髪型、してもらいたい髪型があるので、ちょっとでも違うとダメなんです。

毎日行きますから、それなりに時間はかかります。女性は身支度の時間の分、男性よりも長生きするのではないかと思ってしまうほどです。

着物は、私にとっては戦闘服です。

着物の場合、着るというより、「身体の中心に合わせていく」という、ちょっとした儀式のようなものなので、自ずと心も整ってきます。

洋服とは、ぜんぜん違います。洋服を着ている時は、気持ちとしては裸同然。

それでもお店でたまに洋服を着ることがあって、そうすると、お客さまには結構喜んでいただけます。「今日は若いね」なんて言われると、調子にのってうれしくなっちゃって。

着付けは自分でやるので10分くらいで終わります。

3年ほど集中的に着付けの勉強をして、学校を開ける師範の資格まで取りました。歌舞伎の衣装も、花嫁衣装も着付けられたんです。もうすっかり忘れてしまいましたが、着物のことを深く知るのは楽しかったです。

お茶を淹れる動作には、
流れるような美しさがあり、
五感がじんわり癒される。

着物を身につけると、心まで
身体の柱に沿うような、神聖な気持ちになる。

第5章

純愛と不倫

誰かを愛し、愛されること

28

銀座のお客さまは
いくつになっても心は現役。
少年みたいな純粋さがある。

銀座に来るお客さまは、今を楽しんでいらっしゃる方々です。それこそ下ネタで、「昔は元気だったけれど、最近はねぇ」という話にもなりますが、いくつになっても心の中は現役で、まるで少年みたいです。

時折、「銀座に何を求めて飲みにいらっしゃるのかな」と考えますが、きっと無邪気だった学生時代に戻りたいんだろうと思います。

学生時代は何もなくても楽しかった。青空の下で、何時間でも夢中になっておしゃべりできました。そんな感じです。

男性は会社や家ではそれなりの立場があるので、そういう解放の仕方はなかなかできないと思うんです。パワハラやセクハラなどの問題もあります。「僕は家に帰ったら、まじめで気難しい家長だからね。こんな態度は取らないからね」とよくお客さまはおっしゃっています。

私はお客さまとのお食事が大好きなのですが、食事の後、お店に入った瞬間に態度が変わるものなのです。きっと本人は無意識で、ご自分では気づいていないと思いますが、横にいて、はっきりと分かります。肩の力が抜けるんです。外では、誰に見られているか分からないし、外食接待などで習慣になっているのでしょう。だから、銀座の昴《すばる》という空間に足を踏み入れた途端、緊張から解き放たれてリラックス、たちまち少年に戻っていくんです。

馴染《なじ》みのホステスに、

「今日も目が小さいね」

「いつも言われるから、今日は目元のラインを大きくしてみたんです」

「ぜんぜん変わっていないよ」

「えーっ」

たわいもない、こんな感じの会話を楽しまれています。ホステスも何を言われても笑っていられる無邪気でかわいらしいところがありますから。

銀座には、パワハラやセクハラ問題の心配はありません。銀座に来るというのは、そういうことなのでしょう。

お互い、素性をよく知っているわけではなく、ベールに包まれている部分もあるからこそ余計に、しがらみのない少年と少女が出てくるのだと思います。

一般的には、お金とお酒と、男と女の情欲が渦巻いている場所と見られている銀座ですが、だからでしょうか、ことのほか「純粋なもの」を大事にしたい思いは強いんです。お客さまも、接客する私たち側も同様に。

大事にしなくてはいけないものが、はっきりと見えているんです。

銀座のクラブの中では
外での緊張から解き放たれて、
少年の心で遊んでいられる。

本当に大切にしたいものはとてもシンプル。
鎧を脱いだ素の自分に立ちかえること。

29

ひとりの男性を奪い合ってもしょうがない。銀座を愛してもらえればいい。

水商売の場合でも恋愛関係と同じで、ひとりの男性を奪い合ってもしょうがないんです。お客さまが別の店のホステスと仲よく銀座を歩いていたら、「何をやっているの。他の店には行ってないって言ったじゃない」と心の中でショックを受けるのは本音です。

何も言わなくても、ただ見つかっただけで「うわーっ」と驚きながら、「いやー、ごめん、ごめん。これはちょっと、あれなんだよね」としどろもどろになりながら意味不明の言い訳をして、かなりばつが悪そうです。男性って、特別な関係でなくても、「僕は一途な男なんだ」と思わせたいんでしょうね。

そんな時、私は、相手のホステスとすぐに仲よくなります。

ギスギスと敵対するんじゃなくて、お客さまの誕生日はいつだとか、何がお好きだとか、知っている情報をどんどんオープンにして共有します。

そうすると、相手のホステスだって、私を嫌いにはならないですよね。

「ちょっと面倒くさい人だな、うっとうしいな」とか、「あまり深くは関わりたくないな」と本音では思っても、「便利な人だから、とりあえず仲よくしておこう」と考えてくれるかも。

結果、あっちにも、こっちにもお客さまが足を運んでくださり、ふたりのホステスからお誕生日プレゼントをもらえば、テンションが上がって、ますます銀座を楽しんでくださる。それでOKです。

一方、恋愛関係では、ものすごく嫉妬します。究極のやきもち焼き。だからこそ、騒がないんです。ギャーギャーとわめき立てるのは、中途半端な嫉妬の場合。

本気のやきもち焼きの場合、決して踏みにじられたくないから、うっとうしいと思われるような見苦しい態度は見せません。

ずっと思い上がっていたいんです。「私は大事にされている」「私は愛されている」と信じ続けていたいんです。絶対に相手の携帯電話をこっそり見るなんて、できませんから。

別れたとしても、その理由《わけ》も追求したりできなくて。

俗にいう「都合のいい女」でいたかったのでしょう。「それで何が悪いの？相手にとって心地いい女性でいたいだけ」という気持ちです。そのほうが自分も心地いいので、私の場合はそれでＯＫという考えでいます。

都合のいい女になって何が悪いの？私がよければ、それでOK！

相手の本音は分からないから、自分が心地よく感じるほうに意識を合わせる。

30
許す心と信じる気持ちは、愛憎の苦しみから身を守る防弾チョッキになる。

そのお客さまが初めて昴にいらしたのは、会社勤めの20代の頃。当時、私に子ども扱いされたのが悔しかったらしく、「いつか必ず、この店の客になってやる！」と心に誓ったそうです。

毎年、お店の仕事初めの日に、2000年なら2000円、2020年なら2020円と、新年にちなんだ金額の新札と硬貨をポチ袋に入れ、お年賀としてお客さまにお渡ししているのですが、ある年、間違えて一万円を入れたポチ袋を、たまたま彼に渡してしまいました。アクシデントでしたが、彼はうれしい反面、

「まだ銀座は早いのよ」と言われている気がして、口惜しかったのだとか。

その後、会社を辞めて独立し、数年も経たないうちに銀座の立派なお客さまとなりました。借金を抱えたまま自殺した父親の負債を返済しながらの、厳しい独立でした。独立後も波瀾万丈の道のりを歩んでおられますが、いつも言う台詞《せりふ》は、「銀座の客でいたいから、ずっとがんばれた。銀座が俺を育ててくれた！　銀座って、そういう街なんだよね」

見栄を張るために、自分を奮い立たせる。なんて正しい見栄の張り方だろうと。また、コロナ禍で辛いことが多い今、心に沁み、私も奮い立たせられました。

その彼がよく連れてくる女性がいて、秘書のような存在なのでしょう。とても気がきく彼女がお付き合いしているのは、妻帯者。もう10年になるそうです。

「彼のどこが好きなの？」

「誰にでもやさしいところ」

意外な返事に驚きました。普通は逆ですよね。「評判は悪いけれど、私にだけはやさしい」、あるいは「みんなにやさしいから、ダメ」という話ならよく聞きますが、その反対。「なるほどなぁ」と考えさせられました。

誰にでもやさしい人は、優柔不断じゃなく、今この瞬間だけ、目の前の人から好かれようといった計算も表裏もない、平等な視線の持ち主だから信頼できる。また、彼の浮気はたびたびあって、それが全部オープンらしいのです。よくある話ではありますが、「大和撫子魂、ここにあり」と感服しました。

確かにうそをつくほうも、つかれるほうも、ムダにエネルギーを消耗するので、お互いに疲れるだけです。うそがばれて、そのうその上塗りをされるのは嫌だし、ましてや開き直られても、割に合いません。決して愉快なことではないけれど、「正直に言ってくれたほうがいい」という気持ちをもったほうが楽ではあります。

今や携帯電話なんていう、秘密がいっぱい詰まっている「便利な凶器」があるものですから、男性諸君も大変でしょう。「許す心。信じる気持ち」を防弾チョッキとして、身に着けていたいです。

誰にでもやさしい男性は、優柔不断なわけではなく平等な視線の持ち主である。

ウソはつくほうもつかれるほうも疲れるだけ。浮気も正直に告白されたほうが気持ちは楽。

31

不倫でも純愛でも、相手だけでなく、向こう側の人まで愛したい。

「正しい愛人道をテーマに本を書いてよ」とお客さまに言われたことがありますが、愛人でも愛人でなくても、「人を愛すること」は同じだと思います。

私の好きなゲーテの言葉に、「ひとりの人を愛する心は、どんな人をも憎むことができません」というものがあるのですが、これにはとても深い意味を感じます。

「ひとりの人を愛せないと、多くの人を愛せないんだよ」と聞こえるけれど、私の解釈では、「ひとりの人を愛することは、その人の向こう側も愛するということ」なんですね。

この人だけでなく、愛する人の家族、友だち、同僚や部下といった向こう側の人々のこともおもんぱかる。

言葉を代えれば、「どうやったら向こう側の人に迷惑をかけないでいられるか」という、愛するがゆえの覚悟をもて、という意味にもなります。

愛人という立場で考えると、相手の男性だけを愛するのではなく、向こう側の奥さまに対する気遣いがあると、愛しているからこそ、「やってはいけない行為」がたくさん見えてきます。してあげたいことではなく、してはいけないこと。

ですから、自分の欲望を抑えることは、ある意味つきもの。ルールを決めなくてはいけません。実際にすべてを完璧に行うのは難しいけれど、そうありたいと心がけることはとても大事です。

そもそも恋愛は美しい営みなので、自分の中でその愛を美化してとらえるなど、ナルシスティックな部分を大切にしてみると、欲望に歯止めをかけやすくなるように思います。

自己鍛錬の経験もなく、そもそも覚悟がない人が、他の人にバレるようなことを言ってみたり。してはいけないことを平気でやりまくって、不倫騒動に発展するんです。本当に愛していたら、できませんよね、そういうことは。「私がここまで言ってしまったら、その向こう側の人まで傷つくし、あの人は仕事まで失ってしまう」と。

そういう女性は愛でなく、自分が愛されたいだけ、かわいいだけ。愛欲ではなく、自己満足の欲なんです。

そんなことをする人に、「本当の愛を知っている人」は少ないかもしれませんね。見つめて欲しいです。自分のことが好きなのか、相手のことが好きなのか。

純粋に人を好きになったら、それは苦しいかもしれないけれど、ちゃんと相手と相手の向こう側の人のことも考えるはずだと信じていきたいです、私は。

愛しているからこそ
欲望に歯止めをかけて、
やってはいけないことがある。

好きなのは、相手のことなのか、
自分のことなのか、心の内側を見つめてみる。

32

別れが辛いのは当たり前。でも、それは神さまが必要だと考えて与えた試練。

私はいつも恋を始めるのは下手で、別れるのは上手いんです。
だいたいフラれます。それなりに傷ついて、辛い時期もあるんですけれど、今でも別れた男性とは友だち付き合いをしています。

知り合って、愛し合って、そして、別れるのではなく友だちに戻る。

もちろん、犬や猫でも、側《そば》にいた人が突然いなくなれば、それはとても辛いものです。唐突にさよならせざるを得ない場合もありますし。でも、別離の時、自分はどうしたいのか、相手にこの先どう思われたいのかを、一時の感情に流されずに、とにかく冷静に考えます。

気持ちのコントロールを失って、結局、ドロドロになって傷つけ合ってしまうのが嫌なんです。せっかくの楽しかった思い出や、慈しみ合った喜びの時間がもったいない。自分が傷つかないためには、相手を傷つけないことです。

悲しくてこらえきれないなら、お風呂場で泣けばいいんです。あとは本当に信用できる人に話を聞いてもらう。あっちこっちにペラペラと話してはダメです。噂になりますから。本当に信頼できる人が自分にどれだけいるか、そういう時によく分かります。

別れは悲しい現実だけれど、「私にとって必要な時に出会って、必要な時に別れることになったんだろうな。きっとまた、必要な人との新しい出会いを神さまが導いてくれるはず」と吹っ切ります。大変辛い思いをしますが、あまり執着はしないように心がけています。

死ぬまで、人間は何か試されているのでしょう。宿題が与えられて、それはちょっと楽なテーマだったり、ちょっと大変なテーマだったり。平均するとバランスが取れているのだと思います。

宿題が目の前に出されたら、後でやろうというのはダメ。一度に全部やるのもダメ。状況に応じて、ある時は直ちに、ある時はマイペースを保ちながら、よく考えていくと、必ず答えは出てくるものです。

どんなに苦しい別れでも、
一度立ち止まって
感情に流されず考えてみる。

泥仕合の様相で傷つけ合うのは避けたいから、
気持ちのコントロールを失わないこと。

33

相手に求める思いが強くなると純ではなく不純になる。いつまでも純でいたい。

私は純愛という言葉が好きなんです。純愛力とは「純粋に相手を愛する力」で、普通はどうしても求めるほうが強くなってしまうから。そうすると、純ではなくて、不純になる。

恋をすると、空気もきれい、雨すら愛おしい。目が覚めて、まず世界が違う。おいしいものを食べた時に、「あの人にも食べさせてあげたい」と思い出す瞬間があるじゃないですか。そういう感覚が純愛だと思います。いつまでも、純愛力の高い女性でありたいものです。

そして、恋愛は数より深み。何人好きになったかより、どれだけ本気で愛したか。私にとっては、それがとても重要です。

好きな男性は、一緒の時間を楽しそうに過ごしてくれる人。女性や子どもをバカにしないで、ちゃんと人として見ているのかも気になります。加えて、ひとつだけ、どうしても敵《かな》わないものがあると尊敬できて、さらに素敵ですね。やたら歴史に詳しいとか、車については何を聞いても知っている、なんてことでも愛しさを感じます。

私は、一度結婚したら別れないつもりでいます。結婚は家系全般の習わしってこともあるんですが、「組織化すること」だと考えているので、一度作った組織は崩したくない。だから、なかなか組織化まで進まず、恋愛で行き止まり。

結婚したいと思ったことはありますが、仕事をすぐに辞められる状態でなかったので、両立する方法をあれこれと模索しているうちに、相手に別の女性ができてしまいました。そういうところ、男の人は早いですから。

これから先、好きな人ができたら、熟年婚してもいいですね。還暦を過ぎた頃に、「桜が咲いたから、お弁当をもって花見に行こう」というような、癒し癒される穏やかなパートナーがいたら楽しそう。

恋愛でも仕事でも、私は自分の勘に頼って生きている自負があるんです。動物的な直感みたいなものを大事にしていて、それでどこまでやっていけるか自分を試しているようなところがある。

手相や占いでは、髙田と律子の字画が悪いと言われるけれど、直したことはありません。そういうことより、直感が大事。

でも、状況は変わってきて。今の時代、経営者として直感だけではみんなを守っていけないので、最近はお祓《はら》いをしてもらうようにもなりました。恋愛で神頼みをしたことはないですが、そういう余裕もそろそろ必要なのでしょうか。

恋愛は数より深み。
どれだけ本気で愛したか、
それがとても重要なこと。

結婚は組織化するという、また別の愛の形。
築き上げた組織は守るべき。

おわりに

最後まで私の独り言にお付き合いくださり、ありがとう存じます。

16年ぶりの出版となりましたのも、PARCO出版の堀江由美さんと、フリーランス編集者の本村のり子さんとのありがたい出会いのおかげでした。

2冊目の出版以降も、私なりにテーマを決めて書きためてはいたものの、なかなかチャンスに恵まれませんでした。堀江さんも本村さんも、家庭をもつ主婦でありながら、一線で働く社会人です。最初にお会いした時から、互いに感性を刺激しあえる、本当に楽しい打ち合わせでした。

何回目かの打ち合わせの時、「死にたがった私の心と、生きたがった私の身体の、その違い」を思い出しました。そして、死にたいと思った時、死んじゃいけないと思った時、どうやって気持ちをつないできたのかを、今なら赤裸々に語ってもいいのではないかと感じました。

必ず人は死ぬのですが、身体は借りもの。自殺は殺人です。チクチクとストレスを与える程度の小さな傷を、激痛を走らせるほどの大きな傷にしないためには、「私に起こるすべてのことは、神さまが与えてくれた大切なプレゼント」と心得て、それがどんなに理不尽に思えても、信じる。とにかく信じる。そして、どんなことをされても、「出会った人はすべてが恩師」と思い、決して恨まない。

私は本当に、できそこないです。こんな人間が銀座のド真ん中で何とか生きながらえているのです。自分でも信じられません。本当です。

ですから、みなさまに希望がないわけがない！

私の好きなサン=テグジュペリの言葉です。

「生きているということは、徐々に生まれることである」

高田律子（たかだ・りつこ）

1964年、東京都生まれ。会社員時代を経て、水商売の道へ進む。ナンバーワンホステスを経験した後、1994年に高級クラブ「昴《すばる》」をオープン。オーナーママとなる。カラオケも楽しめるカジュアルなクラブ「ハングオーバー」と美容院「セットサロン Ryu」も経営。著書に『銀座ママ高田律子の人生哲学 出世する人、稼ぐ人、他人に気配りできる人』『強い男・賢い女！ 銀座流成功術77の条件!!』（ともに辰巳出版）がある。

律子ママの
人生心得帖

2021年4月14日 第1刷

著者
高田律子

発行人
井上 肇

編集
堀江由美

発行所
株式会社パルコ　エンタテインメント事業部
〒150-0042 東京都渋谷区宇田川町15-1
電話 03-3477-5755
https://publishing.parco.jp

印刷・製本
株式会社 加藤文明社

ISBN978-4-86506-339-4 C0095
Printed in Japan

落丁本・乱丁本は購入書店名を明記のうえ、
小社編集部宛にお送りください。送料小社負担にてお取り替えいたします。
〒150-0045　東京都渋谷区神泉町8-16
渋谷ファーストプレイス　パルコ出版　編集部

装画 霜田あゆ美　**ブックデザイン** 若井夏澄（tri）　**編集** 本村のり子（本村アロテア事務所）